AF458329

# UN MOT
## À TOUS LES PARTIS,

PAR

## DEUX AGRICULTEURS.

Et pourquoi regardes-tu une paille qui est dans l'œil de ton frère, tandis que tu ne vois pas une poutre qui est dans ton œil?

Ou comment dis-tu à ton frère: Permets que j'ôte cette paille de ton œil, toi qui as une poutre dans le tien.

Hypocrite! ôte premièrement de ton œil la poutre, et alors tu penseras à ôter la paille hors de l'œil de ton frère.

NIMES,

Imprimerie de C. TRIQUET Père et Fils.



1847

# UN MOT A TOUS LES PARTIS,

PAR

DEUX AGRICULTEURS.

S'il faut en croire le rapport des statistiques, les discours de nos hommes d'état et l'apparence des villes, notre France aurait droit de s'énorgueillir de l'accroissement de sa population, de l'augmentation de ses richesses et de sa puissance. Le bien-être semble se répandre dans toutes les classes, et l'avenir sourire à nos heureux concitoyens. Mais l'homme qui observe et qui médite ne sent pas cependant toutes ses inquiétudes se calmer. Un malaise moral agite sourdement les esprits; une sorte de marasme tourmente les populations, et le calme imposant de la France n'est pas, il faut bien le reconnaître, le reflet de ce qui se passe dans tous les cœurs. Les symptômes de ce mal se touchent comme au doigt dans nos campagnes où les bras manquent à l'agriculture par la désertion de leurs robustes habitans. Si la population des villes augmente, c'est aux dépens de celle des champs. O France! ta force imposante ne serait-elle que faiblesse, tes richesses une illusion, ta prospérité une vaine apparence!

Si je voulais rechercher toutes les causes de ce mal, ma force n'y suffirait pas; tout semble y concourir : le sentiment de l'égalité civile, le pouvoir de s'élever à tous les emplois publics, l'éducation répandue avec une profusion qui devient dangereuse, parce que tous ceux qui parviennent à l'acquérir ne savent y voir qu'un but, qu'un mode d'application, la faculté de conquérir un poste qui les mette un peu en relief, et pour quelques-uns, enfin, l'espoir d'abandonner les travaux manuels par l'efficace protection de quelque patron, dont les gens du peuple s'exagèrent le pouvoir avec une déplorable illusion. — La facilité des communications avec les villes, d'où les paysans emportent le mépris de leur village, l'éblouissement du faste et l'image des plaisirs dont ils sont privés, le luxe qui, sous certains rapports, doit être encouragé dans un pays comme la France, puisqu'il est nécessaire au développement de nombreuses industries dont quelques-unes sont éminemment nationales; le luxe, dont l'effet moral est d'entretenir l'amour du beau, manque le but et devient un instrument de démoralisation par l'attrait irrésistible de l'exemple. Il gagne avec une effrayante rapidité les dernières classes des villes, et s'est répandu dans les champs dont la population erre incessamment dans nos rues. Les paysans, revenus dans leurs humbles foyers, la tête pleine d'images brillantes et de récits de fortune, ont méprisé le village et ses travaux; jetant un regard en arrière, ils ont vu leur vie condamnée à un travail stérile, leur avenir attaché aux mêmes peines, et ils ont été mécontens et envieux. Ils pouvaient bien espérer un aisance plus grande que celle de leurs pères; mais ce n'était plus là le sujet de leur comparaison. Alors ils ont sollicité des bourses pour leurs fils, ils ont agi auprès des puissans, ils ont épuisé leurs ressources pour entretenir leurs enfans au Collège, et incapables de juger de l'éducation imparfaite qu'on y reçoit, ils se sont félicités de leurs sacrifices, ne doutant pas d'un brillant succès. Voilà une cause de désordre, mais est-elle là seule ? Non sans doute, et si nous voulions biens observer, nous en trouverions une autre qui, prise dans des considérations un peu plus élevées, et s'appliquant à toutes les classes, aurait sur celle-ci l'avantage d'embrasser le mal d'une manière plus générale.

Après une révolution qui réveille toujours chez un peuple les sentimens généreux, l'amour de la patrie supplée pendant les premiers temps à ce que les institutions offrent d'imparfait ; mais à mesure qu'on s'en éloigne ; quand la sécurité revient, cet amour commence à faiblir. Alors nait le désir des distinctions et l'avidité des places ; chacun cherche dans ces institutions le moyen de satisfaire son intérêt personnel. Ainsi, peu de temps après la révolution de 1830 s'est manifestée cette tendance fatale à embrasser les carrières lettrées, dans le seul but d'arriver aux emplois publics, aux charges de toutes espèces ; les travaux manuels méprisés furent abandonnés ; et ce qui pis est, la jalousie et l'inquiétude nâquirent dans le cœur de ceux qui y demeurèrent attachés. Ce mouvement se fit sentir de toutes parts ; l'ouvrier, le paysan voulurent faire leurs fils commis, négocians, notaires, suivant leur fortune ou leur caprice ; les écoles de tous genres furent encombrées de candidats ; la magistrature, le barreau, l'administration assiégés par une foule innombrable, il fallut créer des grades plus subalternes, opposer de nouvelles difficultés, jeter des entraves, augmenter le temps du noviciat, rebuter en un mot de toutes les manières possibles; mais toutes les barrières furent insuffisantes et le seront toujours.

On prétend que cette ardeur funeste qui menaçait de tout renverser a diminué déjà; mais cependant voyez: Quand il s'agit de nommer aux emplois publics on ne sait auquel entendre; faut-il y pénétrer, chacun se croyant le plus digne, jalouse l'heureux élu, et dans son cœur maudit l'injustice dont il se croit victime; faut-il obtenir une promotion, chacun seul juge des titres du préféré, les met bien au-dessous des siens, et porte comme une blessure le souvenir du passe-droit qu'on lui a fait. Ne voulant jamais s'avouer son infériorité, il cherche les motifs secrets du bonheur de son rival, et ne trouve que des protecteurs puissans. Alors rebuté de son travail, laissant là ses livres et son cabinet, il s'agite en tous sens pour se créer aussi des protecteurs, ou pour grouper autour de lui de nombreux clients dont il soit le patron, qui le portent devant eux comme un drapeau, et le puissent enfin imposer soit par l'utilité, soit par la crainte. Mais dans les rangs obscurs de ces clients que le moindre petit personnage traîne après lui, que de faveurs ne faut-il point accorder, que de promesses ne faut-il pas faire! Car l'intérêt personnel seul peut attacher des hommes, que l'éclat d'un nom ou d'une noble lignée ne range plus auprès de personne, et que l'amour du bien public a complètement abandonné.

Donnez à ce peuple, dévoré d'envie, des droits sur les administrateurs qui peuvent tout sur lui, donnez lui le droit d'élire des représentans qui peuvent entraver les volontés du gouvernement par une opposition systématique, ou tout au moins gênante; quel usage croyez-vous qu'il en fera ? Je touche à une corde sensible qu'une main plus habile devrait seule faire vibrer; mais aussi bien j'ai déjà tout dit, et si je n'ai exposé qu'une triste vérité dans le tableau de nos mœurs, chacun en voit la conséquence, et sent que les droits civiques deviendront les instrumens des intérêts privés.

Montesquieu a dit que la vertu, l'amour du bien public, étaient la base des gouvernemens démocratiques. Notre gouvernement est en partie démocratique, puisque le peuple a ses représentans; mais nous n'avons pas la vertu civique, et l'amour du bien public s'efface devant les intérêts individuels qui triomphent au contraire nécessairement. Voilà où est le mal; d'autres l'attribuent à une autre cause, et formulent des accusations contre le pouvoir. Ils prétendent que l'immense administration qui nous étreint, le nombre prodigieux de fonctionnaires dont on augmente incessamment le chiffre, donne au pouvoir trop de prise sur nous, pour que nous soyons libres, que, pour assurer son existence, obligeant ses employés à voter, agir, influencer, sous peine de destitution ou de disgrace; offrant aux cupidités individuelles un appât auquel la plus grande vertu, jointe avec l'aisance, peut seule faire résister; il enchaîne nécessairement la liberté des uns, qui ne sont plus citoyens quand ils exercent leurs droits civiques, et arrache le consentement des autres par une séduction irrésistible.

Ces reproches sont injustes, si vous voulez; mais un homme prévenu peut bien les approuver, parce que s'ils ne sont pas mérités, ils pourraient l'être, et la seule garantie que l'on puisse avoir contre leur injustice, est dans la vertu que l'on suppose à nos hommes d'état. Voyez dans la pratique ces visites mystérieuses où peuvent se faire tant de marchés inconnus et payés par un vote également secret. Aussi les accusateurs même, pour ne pas être dupes, font de leur côté des promesses, usent de menaces et de calomnie, et semblent s'évertuer à commettre, autant qu'il est en eux, toutes les noirceurs qu'ils reprochent à leurs ennemis; ce qui fait que bien des gens trouvent l'honneur de la députation trop cher payé par tant de bassesses et par l'office perpétuel de tentateur.

Cela s'appelle corruption, et à juste titre, car le député n'est plus le représentant du pays, mais l'homme-lige du pouvoir qui existe ou de celui qui aspire à exister. Il devrait contrôler; il n'est que le protecteur obligé de quelques individus, et le principe du gouvernement se trouve corrompu. Ainsi les députés, aussi bien que les organes du pouvoir, et les électeurs eux-mêmes perdent la confiance publique, et cette confiance, une fois perdue, ne se retrouve plus : C'est encore là une corruption du gouvernement représentatif, gouvernement qui ne peut exister quand le pays ne croit pas être représenté.

Ces considérations présentées, nous croyons qu'il y a quelque chose à faire, qu'on pourrait trouver un moyen dont l'application porterait remède à quelques-uns des maux dont on se plaint aujourd'hui, mettrait un terme à toutes les récriminations, à toutes les calomnies, enfin à toutes les accusations fondées ou mensongères que se renvoient les partis, en un mot, couperait court à la corruption dont on commence à se plaindre et qui pourrait bien nous envahir.

Pour l'appliquer d'une manière plus directe et mieux en faire ressortir tous les avantages, je vais commencer par apprécier tous les moyens proposés pour remédier au mal, prouver leur impuissance et pour quelques-uns leur danger ; et d'abord suivons pas à pas la dernière publication d'un homme dont le talent comme écrivain est admiré de la France entière, mais dont la logique spirituelle et serrée peut bien ne pas conduire tout le monde à admettre toutes ses conséquences.

C'est de Timon que je veux parler ; son but est d'opposer une digue à la corruption électorale et parlementaire ; c'est pour cela qu'il fait, dit-il, un appel à tous les honnêtes gens de tous les partis.

« Le système de l'intervention des ministres et de « leurs agens dans les élections (c'est M. de Corme« nin qui parle) a radicalement faussé depuis 30 ans « le gouvernement représentatif. » Entrons un peu dans ses vues, et prenons pour exact le tableau qu'il nous fait de l'influence ministérielle et des résultats qu'elle produit; croit-il avoir trouvé le remède ?

M. de Cormenin dans tous ses écrits a la prétention de se tenir en dehors de tous les partis, et de n'avoir d'autre but que la défense des intérêts de la

France. S'il est sincère, nous le plaignons; son bon cœur lui a suggéré un palliatif impuissant à guérir le mal. Si, comme quelques-uns croient, dans un intérêt qu'il n'avouerait pas, il cherchait à envenimer la plaie après l'avoir mise à découvert, il atteindrait parfaitement son but; mais bien niais qui s'y laisserait prendre; ce serait trop compter sur la bonhomie de nos hommes d'état. Quant à nous qui voulons sincèrement le bien de notre pays, et qui espérons l'obtenir, à la satisfaction de la Couronne, des Ministres, des Chambres, des Députés et du Peuple, nous croyons que le mal vient de cette classe de gens, le fléau de toute espèce de gouvernement, qui comptant peu sur leur propre mérite pour arriver, cherchent dans les constitutions, quelles qu'elles soient, le défaut de la cuirasse, c'est-à-dire, la porte par laquelle ils entreront au pouvoir. Nous croyons que le mal vient de l'intrigue, en un mot, et c'est à elle qu'il faut porter les derniers coups: nous repoussons comme impuissant le remède proposé par M. de Cormenin, et nous allons faire voir les suites de la non intervention des ministres à laquelle il attribue tant de bons résultats, dont nous revendiquerons une partie comme la conséquence nécessaire de notre système; mais que nous ne pouvons lui accorder, parce qu'en voulant faire cesser l'intrigue du côté du pouvoir, il la laisse subsister du côté des ennemis du pouvoir.

Supposez donc, Monsieur, que le ministère s'abstienne, qu'il attende à la porte du collége, dans une respectueuse abnégation, comme vous dites, le jugement du pays. Que fera l'opposition dans ce cas là ? Que feront tous ceux qui, ayant eu des portefeuilles, auront des prétentions à les reprendre ? Que feront ceux qui, n'ayant pas encore été appelés à cet honneur, seraient bien aise d'y arriver ? Ils promettront des places, des bureaux de tabac, des chemins ; ils mettront en usage, pour renverser le ministère, tous les moyens honteux que vous accusez les agens du pouvoir d'employer pour s'y maintenir. Leurs moyens d'influence s'accroîtront de l'inaction de leurs adversaires ; vous aurez mis le ministère dans l'impossibilité d'influencer les élections ; mais vous l'aurez privé d'une arme que vous laissez à ses ennemis. Aurez-vous moralisé ? Non ; l'intrigue subsistera toujours, vous l'aurez seulement déplacée. — Ceux qui veulent se vendre, ne trouvant pas d'acheteurs dans le parti du pouvoir, iront les chercher dans les rangs opposés. — On se vendra au futur ministère pour l'espoir d'une place, et ne dites pas que l'éventualité du prix empêchera le marché ; car l'expérience va vous donner un démenti ; ces moyens, l'opposition les emploie, et ils ne sont pas sans influence aujourd'hui, quoique le rôle du ministère soit plus facile, puisqu'il donne réellement ce qu'elle ne fait que promettre. Vous allez donc enlever au pouvoir une force que vous donnez toute entière à l'opposition. Le ministère sera donc et nécessairement renversé ; mais celui qui le suivra aura le même sort, c'est-à-dire, que le gouvernement deviendra impossible. Si c'est le but que vous voulez atteindre, vous aurez complètement réussi ; mais ne croyez pas avoir détruit la corruption, ne croyez pas avoir satisfait aux exigences des honnêtes gens ; non seulement la majorité ne sera pas sincèrement la majorité, et par suite, notre gouvernement, comme vous le dites vous même, manquant de sincérité sera le pire des gouvernemens ; mais ce sera tout bonnement un gouvernement impossible. Votre système, en le supposant mis en pratique, conduit à l'impossible. C'est une démonstration par l'absurde de sa fausseté.

M. de Cormenin est donc injuste ou tout au moins incomplet, lorsqu'il attribue tout le mal à l'intervention des ministres ; pour admettre sa proposition nous la complèterons de cette manière. ***L'intervention du ministère et de ses agens, et celle de tous les partis et de leurs agens dans les élections, ont radicalement faussé depuis trente ans le gouvernement représentatif.***

» Tous en ont pâti, dit M. de Cormenin, la couronne, la chambre, les ministres et le budget. » Il développe ces idées et trace un tableau hideux des effets de la corruption dans ses rapports avec tout ce qu'il appelle les membres du souverain. Il n'entre pas dans mon sujet d'examiner si c'est là le tableau de la stricte vérité, ou si, enflé par les yeux de l'esprit de parti, ce n'est que l'aperçu lointain des derniers résultats que doit atteindre la corruption si on ne met un terme à ses envahissemens. N'y eût-il pas un mot de vrai, on conviendra qu'un système qui mettrait tous ces moyens de corruption tout-à-fait en dehors de la puissance des ministres, et par suite l'enlèverait aussi à leurs ennemis, aurait toujours l'immense avantage d'empêcher même tout soupçon de s'élever contr'eux. Le ministre aura toujours plus beau jeu, lorsqu'à ces accusations il pourra répondre : Mais vous m'accusez de choses fausses, la constitution m'a placé dans l'impossibilité matérielle de faire tout ce que vous dites ; ce qui sera toujours un argument beaucoup plus puissant que celui qu'il est obligé d'employer aujourd'hui, où il ne peut que protester de son honneur devant des adversaires qui ne sont pas disposés à lui en accorder. Il y a donc intérêt, intérêt de moralité au moins, même en supposant que tout ne soit que calomnie, à la faire cesser.

Mais il n'en est pas ainsi ; tout le monde, qui plus qui moins, croit un peu à la véracité de M. de Cormenin, et ce qu'il y a de très-certain, c'est que pas un homme du pouvoir, même parmi ceux qui sont le plus prévenus ou le plus intéressés à le nier, ne pourra contester qu'il y ait un peu de corruption. S'il y en a un peu, il pourrait bien plus tard y en avoir beaucoup ; et comme il nous est impossible de juger s'il n'y en a pas plus que ce qu'il faut, j'avoue que je préférerais beaucoup un système qui nous permettrait de nous en passer. — Cependant poussés dans les derniers retranchemens, les hommes du pouvoir se défendront en rejetant la faute sur la nécessité ; et il faut convenir que leur excuse est très-valable. Il suffit d'être impartial pour la reconnaître ; celà revient à ce que je disais tout à l'heure, c'est une arme dont ils se servent sous peine de cesser de vivre, et celà par la raison qu'on l'emploiera contr'eux.

Comme que vous vous y preniez, il y aura toujours deux partis, un qui louera le ministère de sa conduite et de ses actes, l'autre qui le blâmera ; donc deux candidats, l'un ministériel, l'autre de l'opposition ; quelqu'abnégation qu'apporte le ministère dans les élections, vous ne pouvez l'empêcher, ni vouloir l'empêcher de former des vœux pour l'un de ces candidats.

Plus il sera vertueux, plus il aura mis son honneur à faire les affaires du pays, et plus il doit être sensible à un blâme. — Prenons ce cas, le ministère est vertueux, il a la majorité; mais Dieu même serait-il ministre, il aurait une minorité contre lui. Ainsi notre ministère vertueux aura toujours une minorité opposante. Cette minorité se grossira de tous ceux à qui il aura refusé sa protection. — N'a-t-on pas vu dernièrement un colonel sur le point d'être mis à la retraite, forcer la main à son ministre au moyen de quelques députés, et se faire nommer général? — N'avons-nous pas vu, de nos propres yeux vu, un percepteur conquérir sa place à l'aide d'une lettre de menaces apostillée par trente électeurs? — Que doit faire le ministère, notre ministère vertueux? Rester fidèle à son devoir. — Mais si le nombre des mécontens, ou de ces personnages qui désirent avoir une place est assez grand pour compromettre sa majorité? Se retirer pour ne pas sanctionner de pareilles infâmies. — Mais en se retirant, il laissera la place à un autre qui aura le même sort, la même cause existant toujours, jusqu'à ce qu'un troisième plus avisé fasse ce que ses prédécesseurs n'auront pas voulu faire, et ceci est une nécessité, ou bien il n'y aurait plus de ministère possible, parce que Messieurs tels et tels ont tant de députés, tant d'électeurs à leur disposition, et qu'ils sont déterminés à conquérir leur place.

En face d'une pareille situation, je ne puis en vouloir au ministre, qui voyant le mal et n'y connaissant pas de remède, se résigne et le subit. La France y gagne au moins la stabilité ministérielle. Je ne veux pas excuser ici la faiblesse du ministre, ni celle de ce raisonnement qui consiste à dire, le mal se ferait de même, j'y perdrais seulement mon poste. Non; mais je n'accorde pas à tout le monde le droit de la lui reprocher. Quant à nous, gens désintéressés qui pourrions le faire, j'avoue que depuis quelque temps vous tous, Messieurs de tous les partis, vous nous forcez à être si indulgens sous le rapport de l'honneur, par l'extrême rareté de la chose, que nous n'avons pas le courage de lui faire son procès. Seulement nous faisons des voeux pour que quelque jour un ministre courageux montant à la tribune expose à la France la tyrannie à laquelle il est soumis, et que présentant le remède il fasse appel à tous les honnêtes gens, qui sont sans contredit les plus puissans et les plus nombreux, mais qu'il s'agit de rallier sous un seul et même drapeau pour les enlever à la funeste influence des intrigans et des partis.

Résumons-nous: Le mal existe, il est nécessaire; mais à présent que les institutions sont faussées, il est impossible de l'empêcher en changeant les hommes si on ne change pas les choses. Si, par impossible, il était donné à un homme d'arrêter un moment le mal; si ce bien-être momentané était dû seulement à sa haute vertu et à l'ascendant que lui auraient donné sur ses concitoyens l'élévation de son caractère et l'éminence de ses talens, l'avenir de la France serait bien précaire, puisqu'à un moment donné, l'*homme* venant à manquer, le mal reparaîtrait : car il reparaîtrait nécessairement, qu'il vint des ministres, des chambres ou des électeurs. Les institutions seraient de nouveau faussées, et j'avoue que je regarde comme fort oiseuse la question de savoir par qui a été introduit ou s'introduirait le mal. Si nous nous placions sur ce terrain, nous verrions tous les partis se renvoyer l'accusation; nous raviverions toutes leurs animosités, ce que nous chercherons toujours à éviter; car, suivant nous, c'est à l'ombre de toutes ces luttes que travaille sourdement la race perverse des intrigans.

Ainsi, le mal existe, et il est possible qu'il envahisse tout le pays; ce qui amènerait, par suite, la ruine de nos institutions, si on ne réussissait à l'arrêter. Pour y parvenir, il faut ajouter au gouvernement représentatif un ressort qui l'empêche de se fausser. — Il ne faut rien perdre de ce que nous avons si chèrement acquis, rien sacrifier de ce qui nous garantit la liberté, légalité, la justice; mais il faut trouver un remède qui touche à l'essence des choses, un remède tel, qu'à un moment donné, l'homme éminent, que vous supposez devoir arrêter le mal par la seule puissance de son talent et de sa volonté, venant à manquer, la machine puisse toujours bien fonctionner, quoique livrée à des mains plus faibles ou moins habiles que celles qui la dirigent aujourd'hui.

C'est donc vers ce but que doivent se tourner tous les efforts de tous les honnêtes gens, et le remède trouvé, nous pensons comme la *Presse*, que nul, plus que M. Guizot, n'a le moyen, s'il le veut, de le faire réussir. Mais si nous croyons M. Guizot plus apte que tout autre à guérir le mal, ce n'est pas que nous partagions les idées de certaines personnes qui se lamentent sur la pénurie de la France, en ce qui regarde les hommes d'état. Nous sommes convaincus que, les circonstances aidant, il en surgirait une cohorte qui ne le cèderait en rien pour le nombre et le talent à celle que mirent au jour les grands événemens du dernier siècle. Nous ne sommes pas assez simples pour croire que M. Guizot mort, ne sera pas remplacé; mais nous sommes forcés de reconnaître que dans le parti conservateur auquel nous appartenons, quoique avec des tendances éminemment progressives, il est une grande majorité de gens qui ne raisonnent pas, qui ne voient pas par eux-mêmes, et qui admettront, présentées par M. Guizot, qui leur offre certaines garanties, les mêmes idées qu'ils repousseraient, si elles étaient présentées par MM. Dupont-de-l'Eure, ou Odilon-Barrot. Pour nous, peu nous importe par qui sera fait le bien, et nous apporterons à tous quelques matériaux pour consolider l'édifice.

Notre idée émise, nous reprendrons l'œuvre de M. de Cormenin, pour faire voir qu'une partie de ce qu'il attribue à la non intervention des ministres résulterait de notre système; mais auparavant nous allons prouver rapidement que pas un des moyens proposés comme remède au mal par les divers partis, n'amènerait plus que celui de M. de Cormenin le résultat qu'on en attend.

*L'abolition du cens d'éligibilité.* (Je ferai observer que ce cens existe en droit, mais n'existe pas en fait, puisqu'on trouve des exemples de députés qui ne paient le cens que grâce à la délégation, sur leur tête, des impôts de leurs amis politiques.) Mais entrons dans le fond de la question. — Ceux qui demandent le cens d'éligibilité, partant du principe que le corps électoral est pur, pensent que le nombre dès personnes qui paient le cens est trop restreint pour permettre de faire un bon choix. — Mais c'est une étrange calomnie contre la classe des éligibles. Il n'y a donc, d'après votre dire, parmi les éligibles, pas même un homme probe et consciencieux, par arrondissement, sur qui vous pussiez porter vos suffrages. Détrompez-vous; ils sont en majorité; mais si ces hommes restent en arrière, c'est que vous, corps des électeurs, vous ne savez pas les distinguer lorsqu'ils se présentent, tandis que vous devriez les aller chercher; c'est qu'un honnête homme ne fera pas pour obtenir une place qui sera une véritable charge pour lui qui ne veut pas en tirer profit, toutes les démarches que fait un ambitieux, ou que font pour lui des intrigans, qui les uns et les autres espèrent obtenir par son élévation de quoi satisfaire à leurs intérêts personnels. Les intrigans, voilà le mal; avec votre système, ces hommes là existent toujours, et réussiront parce que vous leur en laissez les moyens, que leur intérêt s'y trouve, et qu'ils ne négligeront rien pour y arriver. Mais enfin, supposons qu'on abaisse le cens; croyez-vous, par cela même, que vous aurez choisi votre représentant dans une condition inférieure sous le rapport de la fortune, rencontrer un homme plus indépendant, plus inaccessible aux séductions du pouvoir? C'est pour éviter la corruption que vous choisirez des hommes qui, d'après toutes les probabilités, doivent lui offrir plus de prise. Mais ce ministre que vous accusez, s'il me présentait un pareil remède, ne me laisserait plus aucun doute sur ses mauvaises intentions. Vous augmentez donc les chances de corruption au lieu de les diminuer; vous manquez votre but.

***L'Abaissement du Cens électoral.*** Ceux qui le demandent n'absolvent pas sans doute le ministre ni le député du crime de corruption; mais ils vont plus loin, et regardent la majorité des électeurs comme corrompue. — C'est encore une calomnie. D'abord c'est impossible, il n'y a qu'à consulter le nombre des électeurs inscrits, qui est de 220,000, pour se convaincre que tous les moyens de séduction que nos institutions laissent à la disposition de ceux qui ont ou qui peuvent avoir le pouvoir, ne sauraient agir directement sur une aussi grande masse. — La majorité des électeurs n'est pas corrompue, laissez la libre, ne la soumettez à aucune influence, son instinct lui désignera l'homme probe et consciencieux dont je vous parlais tout-à-l'heure. Elle irait le choisir et voterait pour lui d'une manière inébranlable, si elle savait se rendre compte de son propre intérêt. — Mais en est-il ainsi? Les électeurs sont-ils suffisamment éclairés? Comment voulez-vous qu'avec la mince éducation qu'ils ont reçue (il y en a qui ne savent ni lire ni écrire) la droiture de leur esprit et leur intelligence leur suffisent pour distinguer la vérité à travers les voiles dont vous vous plaisez à l'environner. Tous les partis, depuis celui du pouvoir jusqu'à la dernière des nombreuses nuances de l'opposition, ne disent-ils pas blanc suivant l'intérêt du moment, et ne disent-ils pas noir, à demi-heure de distance, si leur intérêt du moment les y pousse? Votre conduite, à tous, les jette dans le doute le plus complet; vous les amenez au scepticisme et à l'indifférence.

Alors, voici ce qui se passe : N'ayant aucun principe qui les guide, les hommes se groupent autour d'un certain homme, pour des motifs souvent étrangers à la politique, quelquefois même sans motifs. Ils voteront pour Monsieur un tel, parce que Monsieur un tel vote pour lui. Dans les campagnes, les électeurs de chaque village arrivent conduits par un homme qui leur dicte leur vote, quelquefois même l'écrit pour eux. Si le village a deux partis, au lieu d'un chef de file, il en aura deux. Ainsi, dans chaque arrondissement, l'élection, s'il y a 600 électeurs, est faite par 60 chefs de file. C'est à ceux-là que chacun s'adresse quand il veut réussir; voilà les hommes que les partis cherchent à circonvenir, à s'attacher par des liens d'intérêt, quand ils ne viennent pas d'eux-mêmes s'offrir et débattre les conditions du marché. Aurez-vous changé le mal, quand au lieu des électeurs du village, les chefs de file vous amèneront le village tout entier? Non, le mal sera toujours le même, parce que vous n'enlevez pas aux intrigans de toute espèce l'intérêt qu'ils ont à nommer tel homme plutôt que tel autre. Tant qu'ils y auront intérêt, je le répète, ils ne négligeront rien pour y arriver. Que l'élection soit universelle, directe ou à deux degrés, elle se réduira toujours à un certain nombre d'hommes qui seront chefs de file, et que chacun s'efforcera de bien disposer en sa faveur.

Mais il ne faut pas se dissimuler que le mal dont nous nous plaignons est encore bien faible, si vous le comparez à ce qu'il pourrait être, et à ce qu'il sera nécessairement un jour. Sur vos 60 chefs de file, il y en a bon nombre que vous faites marcher au nom des passions politiques, et sans qu'ils obéissent le moins du monde à leur intérêt matériel. Mais à mesure que le scepticisme gagne, ils ne seront plus sensibles qu'à cet intérêt matériel, ce qui sera déjà un grand malheur ; car pour satisfaire à toutes ces ambitions, il faudra donner toutes les places à l'intrigue, en créer s'il n'y en a pas assez, et par suite, augmenter l'impôt. Supposez que tout cela se passe sans que le pays ouvre les yeux, tous vos chefs de file sont satisfaits ; mais ne craignez-vous pas que, voyant ces heureux résultats, de nouveaux ambitieux ne subdivisent leurs petites phalanges ? Et par ces dédoublemens successifs, poussés à la dernière limite, vous arrivez à corrompre la moitié, plus un, de 35 millions de Français.

Il est clair qu'on n'arrivera pas jusque-là sans révolution. Mais en faisant une révolution, qu'aurez vous fait ? Vous aurez changé la forme du gouvernement, mais non pas le fond. Le mal reparaîtra toujours, sera toujours nécessaire, parce que toutes les institutions et tous les gouvernemens ont été et seront toujours faussés par les intrigans jusqu'au moment où vous détruirez l'intrigue. Pour cela, il faut ajouter à tous ces gouvernemens, quels qu'ils soient, et particulièrement au gouvernement monarchique et représentatif, qui est le meilleur de tous, le ressort qui doit l'empêcher de se fausser.

L'abaissement du cens électoral ne guérit donc pas le mal ; il l'aggraverait, au contraire, et finirait par amener la ruine de nos institutions, en rendant la corruption générale, et la faisant descendre dans toutes les classes.

*L'Adjonction des Capacités.* Ceux qui demandent cette réforme, se préoccupent de l'idée que nous avons émise tout-à-l'heure, qu'une portion du corps électoral manque de lumière ; il leur semble que c'est une amélioration que de lui adjoindre les capacités. — Examinons un peu ce remède. Au point de vue de la raison, il est clair qu'il y a quelque chose qui choque dans ce fait, que certaines personnes qui ont satisfait à toutes les conditions de capacité pour suivre certaines carrières, ne sont pas admises à formuler leurs opinions sur les intérêts du pays, tandis qu'une foule d'électeurs qui ne savent ni lire ni écrire, y sont appelés. —Mais, d'un autre côté, est-il beaucoup plus logique que ceux qui ne possèdent rien, et par conséquent ne paient pas d'impôts, soient admis à voter l'impôt ? — Au reste, laissons de côté ces questions qui sont en dehors de notre sujet ; quel est le but qu'on se propose en présentant ce moyen ? C'est d'avoir des électeurs plus éclairés, et par suite plus indépendans. Je vais prouver que l'indépendance n'est pas une conséquence nécessaire des lumières.

Prenons dans cette classe ce qu'il y a de mieux,

ceux qui ayant le talent le plus reconnu, jouissent de la plus nombreuse clientelle, et ont, par conséquent, les revenus les plus clairs et la position la plus indépendante; je la suppose indépendante même de la clientelle. Il faudra que cet homme, pour rester dans votre système, emploie à nourrir sa famille ou bien à satisfaire ses propres besoins, tout ce que lui rapporte son talent; car il est convenu qu'il ne possède rien. — Eh bien! Cet homme a une famille à élever; cet homme cesse d'être jeune, les forces viennent à lui manquer, il ne pourra pas toujours subvenir aux besoins de cette famille. — Que deviendront ses fils qui sont habitués à une certaine aisance, et qui peuvent bien ne pas avoir hérité de son talent pour la soutenir? — Que deviendront ses filles s'il vient à mourir à la peine? — Cet homme, très-honnête et très-indépendant, a pourtant des entrailles de père, et n'attaquez pas sa probité, si après avoir fait ces pénibles réflexions, il pense à obtenir une place du gouvernement. Elle sera pour lui moins lucrative, mais elle usera moins sa santé; mais il pourra veiller plus longtemps sur ses enfans; il pourra même peut-être acquérir assez d'influence pour faciliter l'entrée d'une carrière à ses fils; il pourra mieux marier ses filles. Ce désir qui arrive naturellement et sans corruption à l'homme le plus indépendant de cette classe de gens éclairés qui n'ont que leurs connaissances pour ressources, à celui que son talent place tellement au-dessus des autres, qu'il n'a besoin de s'imposer aucune privation; combien, à plus forte raison ne viendra-t-il pas à la classe entière, à tous ceux qui, soit faute d'occasion, soit faute de talent, ne peuvent, quoiqu'au nombre des capacités, trouver en eux-mêmes des ressources suffisantes ? Ne craignez-vous pas, en conférant à ces personnes le droit électoral, d'augmenter le nombre de ceux qui cherchent à faire de l'élection un tripotage commercial ? Vous qui supposez toujours au gouvernement l'intention de corrompre, croyez-vous que ces gens, tout éclairés qu'ils sont, ne se laissent pas aller à des séductions contre lesquelles ils seront sans force, car ils ont des besoins qu'ils ne peuvent satisfaire ?

Ou bien, auriez-vous un autre but que le but moral que je vous supposais tout-à-l'heure ; voulez-vous augmenter tellement le nombre des ambitieux que leur masse ne puisse être satisfaite ? — Voulez-vous leur donner une arme pour renverser tout gouvernement qui ne pourra y parvenir ? Mais quel gouvernement pourra trouver la solution du problême ? Vous rendez tout gouvernement impossible.

Enfin, un dernier mot, qui vous fera sentir un grave inconvénient attaché à l'adjonction des capacités. Qui est-ce qui les détermine ces capacités ? N'est-ce pas ce pouvoir qui vous inspire tant de méfiance, et ne craignez-vous pas que ces titres, qui sont aujourd'hui conférés également à tous ceux qui les méritent, ne deviennent le privilége exclusif de ceux que l'on croira par la suite ne pas avoir à redouter? Voulez-vous arriver à voir fausser toutes nos institutions en les soumettant toutes au joug odieux de l'intrigue ? Faudra-t-il que sur les bancs même du collége, la politique vienne s'emparer de vos enfants, et que leurs premiers pas dans le monde, soient déjà soumis à la funeste influence des intrigans et des partis.

*L'Indemnité aux Députés comme garantie d'indépendance.* Ce nouveau moyen, outre les inconvéniens qu'il partage avec les autres, d'être impuissant en ce qu'il ne détruit pas l'intrigue, d'aggraver le mal, en ce qu'il enlève au mandat du député son caractère désintéressé, qu'il offre un appât de plus à l'avidité, qu'il n'empêche pas le député, qui n'a plus rien à désirer pour lui, d'avoir à récompenser des électeurs qui seront d'autant plus exigeans, qu'ils lui auront conféré par leur vote une véritable place très-confortablement rétribuée, a, sur tous les autres, le désavantage de grever notre budget de quelques millions de plus. Pauvre peuple! Quels amis dévoués, quels intelligens défenseurs! Il est vraiment fort heureux que dans son ardeur de refus systématiques, le pouvoir n'ait jamais pris au mot tous nos réformateurs.

Notre avis est donc que tous les moyens dont nous venons d'apprécier la portée, doivent être repoussés, non-seulement comme impuissans à guérir le mal, mais encore parce qu'ils doivent l'aggraver. Ce n'est pas que nous refusions de reconnaître ce qu'ils peuvent avoir de bon en principe, et nous le disons franchement, pour une grande portion des mesures proposées par les diverses oppositions, dont nous n'examinerons pas plus avant les programmes, nous croyons beaucoup de ces mesures désirables, nous les croyons produites par un louable amour du bien public, mais impuissantes à guérir le mal actuel; nous les acceptons comme l'expression plus complète de la justice, de l'égalité et de la liberté. Non seulement nous appelons de nos vœux le moment où satisfaction entière leur sera donnée; mais comme on le verra, nous y consacrons nous mêmes tous nos efforts. Nous croyons seulement qu'il faut, au préalable, décupler la force du pouvoir, et je le prends ici sous ses trois formes, le pouvoir exécutif, les chambres et les électeurs, en rendant à chacun d'eux l'indépendance et la considération.

Mon Dieu! le moyen est bien simple, et si le talent de bien dire nous eût été pour un instant dévolu, la conséquence de toutes les observations qui précèdent y conduirait par une pente douce et uniforme, à laquelle il serait impossible de résister. Le mal est dans l'intrigue, qui tantôt s'élève de l'électeur au député, du député au ministre, lorsqu'il s'agit d'imposer un homme au pouvoir, ou d'obtenir la satisfaction de quelque intérêt matériel; qui tantôt descend du ministre au député, du député à l'électeur, lorsqu'il s'agit de l'existence du ministre. Enlevez donc au ministre la possibilité de dispenser les places et les faveurs; du même coup vous lui rendez l'indépendance et la considération. Il faut donc que la royauté abandonne, comme très-dangereuse, cette prérogative; à l'instant même toutes les obsessions vont cesser. Le député et l'électeur n'ayant plus possibilité de tirer parti de leur vote, vont recouvrer aussi leur indépendance et la considération.

Mais, hâtons-nous de le dire; en prévenant la plus rude, ou pour mieux dire, la seule objection sérieuse qu'on nous prépare, l'administration conservera le droit de destitution dans toutes les carrières où elle est possible; elle pourra l'exercer avec d'autant plus de facilité, que les partis ne pourront jamais l'accuser d'avoir destitué pour donner la place à une créature, puisque la nomination et l'avancement ne seront plus en son pouvoir. Ce pouvoir de destituer est nécessaire à cause de la responsabilité ministérielle, il sera suffisant pour se défendre contre les actes hostiles, ou pour écarter les perturbateurs, s'il s'en trouvait parmi les gens introduits par la nouvelle loi.

Tous les compétiteurs à une place devront avoir satisfait à des conditions égales pour tous. Ainsi, pour chaque administration, il faudrait comme pour l'École Polythecnique, une pépinière de jeunes gens dont le nombre serait calculé sur les besoins du service. Pour désigner le plus digne parmi les candidats, je ne veux point nommer une commission permanente, spéciale; car l'intrigue trouverait encore le moyen de pénétrer jusqu'à elle; et d'ailleurs, le choix des membres de cette commission, attribué nécessairement au pouvoir, le laisserait encore en butte à des insinuations malveillantes de la part des partis. — Je confierai l'élection aux candidats eux mêmes, d'abord parce qu'ils sont suffisamment capables de juger, puisqu'ils ont assez de talens spéciaux pour concourir; ensuite, ce sont eux qui sont le plus intéressés à être justes pour ne pas exciter, par un vote suspecté, la haine légitime qui pourrait les empêcher de réussir un jour; enfin, ayant tous des droist égaux, et leur promotion dépendant d'eux-mêmes, nulle influence ne saurait les atteindre; et comment pourrait-on les tenter. C'est un jury insaisissable, se renouvelant sans-cesse, et opérant continuellement sur lui-même. Voilà l'idée que nous croyons bonne et féconde en conséquences, que nous développerons tout-à-l'heure; mais auparavant, nous supplions les personnes qui sont appelées à lire ces pages, de suspendre leur jugement sur cette idée-mère, de ne pas se préoccuper des difficultés que pourrait offrir son application, difficultés que nous espérons faire toutes disparaître, de ne pas crier de prime-abord à l'utopie, et repousser instinctivement comme absurde et impossible une mesure qu'on ne peut certainement pas apprécier d'un coup-d'œil, lorsqu'elle a été, pour celui qui l'a conçue, le résultat de réflexions que le temps a déjà mûries. La discussion de la mesure, en elle-même, demande à elle seule un travail complet que nous nous empresserons de parfaire, mais que nous voulons traiter en dehors de la question qui nous occupe. Nous étudierons alors notre mesure au point de vue des principes d'abord, et ensuite à celui de la possibilité d'exécution; mais pour le moment, nous supposons le problême résolu, et nous ferons voir quels seraient ses effets sur les partis politiques, sur les électeurs, sur la presse, sur les fonctionnaires, sur les ministres, sur la couronne et sur la France entière.

(1) *Chacun des **GRANDS PARTIS POLITIQUES** qui divisent la France, et qui s'exagèrent leurs*

---

(1) Ce qui est écrit en caractères italiques est emprunté à M. de Cormenin.

*forces, ne sera plus artificiellement gonflé* par l'influence des personnes qui se groupent aujourd'hui autour d'un chef de parti, dans l'espoir que le chef de ce parti, arrivant au pouvoir par un renversement de ministère ou de dynastie, ils auront part à la curée; *il sera donc réduit à sa juste valeur, et représenté dans les élections et à la chambre selon ses véritables proportions*; et l'on peut juger déjà qu'elles seront bien faibles pour les partis qui ne reposent sur aucun principe ou sur des principes tellement subversifs, qu'il y aurait folie à croire qu'ils pourront être rétablis.

*Les* ***ELECTEURS***, *refoulés dans leur conscience, prononceront le verdict national, entre le candidat du parti de l'autorité et celui du parti de l'opposition, comparaissant tous deux au pied de leur tribunal avec leurs œuvres et leurs doctrines. Ils n'auront en vue que l'ordre, la liberté, la prospérité, l'indépendance et la grandeur de leur pays*; et comme peu de personnes auront intérêt à égarer leur jugement, et que les moyens de séduction laissés à ces personnes seront nuls, ce jugement sera porté dans l'intérêt du pays.

*Ils ne vendront plus leur suffrage dans l'intérêt de leur personne ou de leur famille*, parce que la satisfaction de tous ces intérêts individuels sera tout-à-fait indépendante des personnes sur lesquelles ils sont appelés à voter. En un mot, leur intérêt ne pourra pas être mis en opposition avec celui du pays. Nous évitons une lutte où la faiblesse naturelle à l'homme doit l'amener à succomber.

*La* ***PRESSE*** *du pouvoir et celle de l'opposition ne se laisseront pas emporter aux excès des incriminations* *et des récriminations personnelles. Elles n'étaleront pas chaque matin, aux yeux de l'Europe étonnée, le spectacle incompréhensible et ridicule du même candidat décoré par l'une des vertus les plus pures, et souillé par l'autre des vices les plus abjects.* — Chaque feuille ne sera plus subventionnée par un parti, ayant intérêt à conserver ou à conquérir le pouvoir, qui la prend pour marchepied et lui paie ses calomnies, parce que, non seulement la corruption, mais encore la possibilité de corruption n'existant pas, elle se déconsidèrerait et nuirait au parti qu'elle défend en employant la calomnie, qui n'aura même plus une grossière apparence de vérité.

La PRESSE ne pourra exister qu'autant qu'elle aura des idées et des principes à mettre en avant. Elle ne pourra servir de soutien à un chef de parti, et le faire arriver, que lorsque ce chef de parti aura lui-même des idées et un système à lui, parce que l'immense majorité des Français, des électeurs, et des députés n'ayant aucun intérêt à voir sur le fauteuil des ministres tel homme plutôt que tel autre, ne changera pas facilement son ministère, et ne le fera que dans deux cas, celui où il aurait commis des fautes, et le second bien plus rare, celui où elle serait sûre d'avoir trouvé beaucoup mieux.

Le MINISTRE sera débarrassé du joug insupportable que fait peser sur lui une majorité toujours précaire aujourd'hui, parce que s'il abandonne un instant la balance des fonctions publiques qui est placée entre ses mains, elle peut perdre l'équilibre et l'entraîner dans sa chûte. *Il ne se présentera plus dans l'arène parlementaire, que le pied libre et le front levé, à la tête d'une majorité, qu'il n'aura ni achetée, ni flétrie, ni manipulée, ni enrégimentée, ni corrompue*, mais que ses rivaux ne pourront pas non plus acheter, flétrir, manipuler, enrégimenter ni corrompre. — Fort du sentiment de sa propre valeur, de la confiance qu'il aura su inspirer à la Couronne et aux Chambres, sûr de l'avenir s'il conserve sa supériorité, il se mettra à l'œuvre et rien ne pourra l'en détourner. — Il y sera poussé par deux puissans mobiles, le désir de conserver sa place en conservant sa supériorité, ce qui entretiendra entre lui et ses rivaux une noble émulation, ensuite ce besoin naturel à l'homme qui est arrivé au poste le plus éminent, de travailler à se faire une brillante place dans l'histoire de son pays, sentiment qui n'offre aucun danger avec notre forme de gouvernement, parce que la majorité qui vote le budget saura bien le modérer.

*Le* **DÉPUTÉ** *ne sera plus le valet de son électeur*, parce qu'il ne pourra plus rien lui faire obtenir, et comme il ne pourra pas non plus obtenir pour lui-même, *il se contentera de n'être plus tout simplement que le député de la France*; ce qui fait que peut-être les candidats à la députation seraient moins nombreux, mais à coup sûr, on les trouverait même parmi les éligibles d'aujourd'hui en nombre suffisant, et pour le moins aussi dignes de confiance, et jouissant d'autant de considération que les meilleurs d'aujourd'hui.

*Le* **PRÉFET** *débarrassé de son député à obéir et de ses électeurs à gagner, s'occuperait un peu plus de son département, des chemins à ouvrir, des rivières à creuser,* *des écoles à construire, des pauvres à soulager, de l'agriculture à répandre*, et rentrerait dans le principe de son institution, qui l'a créé pour la surveillance de toutes les autres administrations.

*Les nominations ainsi que les avancemens ne se feraient plus dans l'intérêt puéril d'une ambition vulgaire, mais dans l'intérêt légitime et raisonné du service.* — Le nombre des places, au lieu d'aller toujours croissant, ce qui est la conséquence nécessaire du système qui tient les hommes par les places, diminuerait, et l'on abolirait les sinécures. Il serait calculé de manière à ce que les intérêts de la France fussent satisfaits ; on pourrait alors sans augmenter le budget rétribuer un peu mieux les places ; car il faut les payer de manière à ce que l'homme en place puisse vivre honorablement ; si comme cela pourrait bien être, l'application de notre système fesait arriver aux places une plus grande proportion de personnes, qui n'auront pour toutes ressources que leur capacité.

Les diverses ADMINISTRATIONS seront fortes et compactes ; il y aura partout une noble émulation ; la hiérarchie y sera plus complète. — Chaque grade étant franchi avec solemnité, celui qui sera parvenu à la tête d'une administration ayant passé déjà par bien des épreuves, qu'on ne peut concevoir plus honorables, puisqu'à chaque pas il aura été poussé par ses pairs, jouira nécessairement d'une influence plus grande sur tous ses subordonnés, qui admettront plus volontiers une supériorité dont ils auront été les premiers juges.

On ne verrait pas le découragement que l'on

rencontre aujourd'hui partout, une place de capitaine devenue vacante par la balle d'un arabe, échoir à un lieutenant qui fait valoir ses graces à Paris; une croix-d'honneur se gagner dans les luttes électorales.

*Pour les* ***FONCTIONNAIRES DÉPUTÉS***, *leur élection étant laissée à son cours naturel, au lieu d'être comme aujourd'hui précipitée et forcée, on ne les verrait plus arriver à la Chambre que dans un nombre en juste rapport avec les besoins de la législature.* L'agriculture aurait une plus large part dans la représentation.

*Quant aux* ***FONCTIONNAIRES DE TOUT GRADE***, *qui sont électeurs, ils ne seraient pas obligés de ruser pour faire leur devoir, tantôt avec l'opposition, tantôt avec le ministère*, avec le pouvoir d'aujourd'hui et celui de demain, qui peuvent tous les deux exercer une si grande influence sur leur présent comme sur leur avenir.

*Le* ***PAYS***, *tant électoral que non électoral, obéirait d'autant mieux aux lois, seconderait d'autant mieux les ministres, paierait d'autant plus volontiers les impôts, qu'il saurait que ces lois ont été faites, ces ministres indiqués, et ces impôts votés par une chambre libre, indépendante et sincère.*

La COURONNE ayant renoncé à ses douces, mais dangereuses prérogatives, ne pouvant, ne voulant plus dispenser ni places ni faveurs, les partis ne pourraient plus faire remonter jusqu'à elle la source de maux dont quelques uns placent la cause dans le favoritisme ; chose injuste à notre avis, puisque nous croyons qu'une grande partie de ses faveurs lui sont imposées. Mais comme c'est la seule prise que puisse donner aux partis un roi constitutionnel avec le principe de l'inviolabilité et celui de la responsabilité des ministres, si par notre système nous avons rendu le ministre fort, nous rendons la royauté inébranlable. — En effet, aujourd'hui personne n'en veut à la royauté, parce qu'à chaque forme de gouvernement, il faut un homme qui résume tous les pouvoirs, ce qui est vrai même pour les républiques ; et tout le monde comprend qu'il vaut mieux, pour éviter les secousses qui peuvent arriver lorsque cette place vient à être vacante, la laisser se transmettre par l'hérédité dans une famille ; qu'elle est un véritable bienfait en ce qu'elle sert de rempart contre certaines ambitions, et les maux qu'elles entraîneraient à leur suite. Aussi, voyez au milieu des progrès qu'ont faites dans toutes les classes les doctrines socialistes, en face d'un état de choses qui ne peut durer longtemps, tout le monde fait des vœux pour une révolution pacifique. — Il n'y a que quelques fous ou quelques scélérats isolés qui attentent à la vie du monarque, et quelques partis mourants, qui voient dans sa personne un obstacle à la réalisation de leurs projets. Si donc la royauté n'a rien à craindre, parce qu'en principe, tout le monde la veut, nous aurons fortement contribué à consolider la dynastie en rejettant loin d'elle les questions de personnes qui peuvent exercer une influence fâcheuse, dont l'expérience et l'histoire nous ont déjà fourni de nombreux exemples.

Enfin, on peut aisément conclure de notre système, que le nombre des places étant limité aux besoins de la société, que personne n'ayant intérêt à étendre cette limite, il n'y aura plus un homme en France qui puisse voir du danger à répandre l'instruction, parce qu'alors tout le monde comprendra que l'aptitude à remplir une place n'est pas la seule condition qui puisse vous donner droit à l'occuper, puisque le nombre des personnes aptes à la remplir sera beaucoup plus grand que celui des postes qu'on pourrait leur confier, ce qui est vrai déjà aujourd'hui ; qu'il faudra de plus avoir une supériorité sur les capacités, et arriver à la faire constater par ses pairs. — Ce qui produira l'excellent effet, d'abord, d'éloigner ceux qui sentent bien leur infériorité ; ensuite de détruire cette malheureuse tendance qu'ont les hommes qui sont arrivés à un certain degré d'instruction, à ne pas savoir trouver d'autre moyen d'en tirer parti. Non seulement nous ne craindrons pas l'instruction ; mais loin de là, notre intérêt nous poussera à la faire pénétrer partout, et nous aurons donné satisfaction complète, sous ce rapport, aux idées d'égalité et de justice. — Nous ne craindrons pas non plus la liberté de la presse ; car tout ce qui pourra résulter de ses excès, c'est qu'il arrivera, ce qu'on a déjà remarqué aujourd'hui pour la plupart de ses membres, qu'elle se déconsidèrera et perdra son influence. — Et quand une application de notre système, pendant 20 ou 30 années, aura, pour ainsi dire, régénéré la France, nous ne verrons aucun obstacle aux réformes électorales que nous redoutons aujourd'hui, autant pour nos libertés que par la crainte du désordre qu'elles entraîneraient, si on les adoptait tout de suite. Seulement nous croyons qu'on ne les désirera pas.

Nous ne verrons plus remettre continuellement en question des choses que nous devons regarder comme nous étant légitimement et définitivement acquises. — Notre gouvernement sera inébranlable, parce qu'on ne pourra fausser la direction de ses rouages administratifs, qui sont aussi parfaits que puisse l'être une création de l'humanité. — Il sera le modèle des gouvernements, parce qu'il reposera sur les principes de la vraie religion, parce qu'il satisfera tous les besoins de la société, laissant à l'intérêt particulier, sentiment égoïste que Dieu a placé en nous, la faculté de se développer, ce qui donne de la vie à la société, et qu'il le modèrera en le subordonnant à l'intérêt de tous au moyen de cette règle infaillible, que *nul ne peut faire à autrui ce qu'il ne voudrait pas qu'on lui fît.* — RÈGLE CONSTANTE que ne doit jamais perdre de vue un gouvernement quel qu'il soit, et qui donne la solution de toutes les difficultés où deux intérêts sont en présence. — RÈGLE DIVINE que chaque religion devrait être forcée de placer en tête de ses confessions de foi, et que les meilleures dépassent en posant le principe qu'il faut aimer son prochain comme soi-même, c'est-à-dire, *faire pour autrui ce que l'on désirerait qu'il fît pour nous ;* principe de charité qui sert de base au développement de toutes les vertus de société et de famille, et sans lequel on ne peut concevoir la tolérance, qui est une des premières nécessités de notre forme de gouvernement.

Comme nous l'avons annoncé, nous sommes agriculteurs, et les exigences de notre profession ne nous permettent pas de formuler une pensée et de l'émettre aussi rapidement que nous le désirerions. Pendant que nous écrivions les lignes qu'on vient de lire, les évènemens ont suivi leur cours, et nous sentons le besoin avant de terminer, de bien constater qu'après les observations qui précèdent, et les déductions assez rigoureuses que nous en avons tirées, nous ne sommes pas disposés à admettre facilement les fins de non recevoir.

Ainsi nous avons vu certains journaux faire mention d'un rapport dont les conséquences seraient de nier le mal que nous venons de mettre au jour. Ils tirent aussi un argument de la manière dont s'est écoulée la session qui a été exclusivement consacrée à la vérification des pouvoirs. — Eh ! Comment le ministre a-t-il repoussé les attaques de ses adversaires qui l'accusaient de corruption ? En dévoilant leurs propres menées ; mais ce n'est pas se laver que de couvrir les autres de boue. Seulement ses partisans étaient en nombre pour décréter que les faits articulés contre lui manquaient de précision (ceci soit dit sans blâme) ; je vous l'ai prouvé, il ne peut pas faire autrement. Ce qui se passe sous nos yeux, peu importe qu'on le dissimule. Dailleurs à quoi bon nier le mal ? Est-ce le moyen de l'empêcher de croître ? Nier un fait lorsqu'il est vrai, ce n'est pas le moins du monde en atténuer les conséquences.

Le mal existe et fait ses ravages, quelqu'aplomb que vous mettiez à le nier. Beaucoup croient qu'on use de corruption, le disent, et son apparence seule explique si elle ne légitime pas le désordre. — Le désordre existe en ce que chacun est mécontent de sa position personnelle, quelque brillante qu'elle soit; que certains veulent l'améliorer à tout prix, en ce que chacun ressent de la jalousie contre ces fortunes rapides, venant souvent de concessions que quelquefois même on ne croit pas étrangères à la politique. Ce désordre menace la société, et ici nous sympathisons avec ceux qui croient que le ministère actuel est mieux placé que tout autre pour le faire cesser. Mais il faut pour cela d'abord ne pas nier le mal, puis vouloir le guérir.

Et cependant que fait-on? Faut-il tracer le tableau des besoins à satisfaire? Prenons l'agriculture : manque de chevaux, de fourrage, haut prix de la viande de boucherie, manque d'engrais, tout cela résolu par une bonne loi sur l'irrigation, et des travaux faits par le gouvernement lui-même pour éviter la démoralisation qui est la suite des concessions à l'industrie particulière. — Manque de bras par les motifs que nous avons inscrits en tête de notre ouvrage, par l'attraction qu'exerce la ville sur la campagne, par les vices de la bourgeoisie qui commencent à l'envahir, d'où naît le calcul, que font déjà les paysans, que le seul moyen d'arriver à la fortune pour eux est de laisser sur la tête d'un seul enfant un petit patrimoine qui doit doubler à chaque génération. — Manque d'intelligence parmi les gens qui sont voués à cette science qui est la plus difficile de toutes, tout cela résolu par une bonne loi sur l'instruction publique, et la création d'établissemens où les enfans trouvés et les enfans indigens seront nourris et élevés aux frais de l'État, qui tout en faisant leur éducation intellectuelle, exercera leurs forces physiques par un travail proportionné à leur âge dirigé vers l'agriculture et employé pour elle, travail dont le produit diminuera d'autant le chiffre de la subvention qui leur sera accordée. — Joignez à cela des établissemens où le viel artisan et le viel agriculteur qui n'auront pas pu amasser de quoi soutenir leur vieillesse, trouvent à satisfaire leurs besoins comme l'enfant indigent au moyen d'une subvention, diminuée aussi par le produit d'un travail proportionné à leurs forces; et comme pour l'enfant vous serez parti de O pour votre échelle de proportion, arrivez à O pour le vieillard. — Faites quelque chose, car il y a beaucoup à faire, et si vous ne le voyez pas, tant pis pour vous et pour nous; car il n'y a pas de fortifications qui puissent relever un gouvernement qui s'en va parce qu'il ne sent pas les besoins du pays.

Celui qui écrit ces lignes cultive ses propriétés, paie 2,500 fr. de contributions; il n'est rien et ne veut rien être. Il est essentiellement conservateur, croyez-vous, à moins qu'il ne soit fou, que sa parole puisse avoir quelque poids? Comprenez-vous que dans le temps où règnent les intérêts matériels, il propose des mesures qui devront élever à 5,000 fr. ses impositions? Ou bien est-ce un sentiment profond du danger qui le pousse? Mais non, il n'est peut-être pas aussi désintéressé que vous pourriez le croire. Seulement il comprend ses intérêts d'une autre manière ; il croit peut-être que c'est avantageux pour sa fortune, d'abord parce que c'est une avance de fonds, dont il doit retirer un large bénéfice, par le seul fait qu'il pourra trouver plus facilement les hommes intelligens qui lui manquent ; ensuite parce qu'on remédie par là à la démoralisation qui le conduit à une ruine certaine, et celà par le seul fait que vous faites disparaître l'inquiétude que nous trouvons dans les basses classes de la société, en l'organisant de telle manière que l'avenir ne soit plus pour elles un sujet d'épouvante. Alors il trouvera aussi plus facilement les bras dont il a besoin, et vous aurez résolu le triple problême d'augmenter la richesse nationale, de laisser au cultivateur une légitime récompense de ses sueurs, et d'améliorer le sort des classes ouvrières.

Eh ! n'allez pas nous taxer d'exagération quand nous vous parlons de ruine prochaine, car si nous ne craignions pas d'être trop long, nous aurions des faits à vous citer et des conséquences rigoureuses à déduire. Mais le temps nous presse, et revenons à notre sujet que nous n'abandonnerons pas facilement, parce que nous comptons sur la force de nos idées, que nous avons éprouvées sur des personnes d'opinions bien différentes, que nous avons répondu à bien des objections, et que dans tous les rangs et tous les partis, nous avons déjà trouvé des sympathies.

Quelques-uns admettant l'actualité des grandes questions que nous avons effleurées tout à l'heure, nous ont objecté que le moyen que nous avons proposé est bien mesquin, puisqu'il se réduirait à distribuer les places d'une manière qui n'amènerait pas pour le mérite des employés une grande différence, vu que celui qui gouverne à cause de la responsabilité qui pèse sur lui est intéressé à les bien choisir. C'est ne pas comprendre le but que nous nous sommes proposé. — D'abord, celui qui gouverne peut se tromper, car il n'y a que Dieu qui puisse parfaitement distinguer entre deux hommes; ensuite il peut être trompé, tandis qu'un système d'organisation tel que le nôtre offre plus de chances de bon résultat; car on peut le comparer au travail d'une distillerie où sans que l'homme choisisse entre les molécules, l'esprit de vin s'élève et coule par le robinet, tandis que le résidu reste dans la chaudière. — D'ailleurs nous n'avons pas la prétention que notre système doive conduire à l'expression mathématique de la stricte vérité sur le mérite respectif des concurrents. Supposez que les résultats ne soient pas meilleurs qu'ils ne le sont aujourd'hui, je n'en ai pas moins atteint une partie de mon but; j'ai enlevé au gouvernement un embarras. — Ou comme vous dites, il donne les places au mérite, mais alors il est calomnié en ce qu'on ne lui rend pas cette justice, et puis ce travail est si lourd pour lui qu'il ne fait et ne peut rien faire autre chose. Lorsqu'il est parvenu à bien peser le mérite de chacun, que l'équilibre est bien établi, il croise les bras pour se reposer de ses fatigues. — Si, comme je le crois, on les lui impose, il n'a pas même le bénéfice de sa position, et s'il ne peut réellement donner à l'homme qu'il eut choisi la place qu'il est forcé de laisser à des considérations politiques, il est obligé de répondre d'hommes qui ne sont pas les siens, il devrait préférer un système qui permît au mérite de surgir d'une manière régulière et indépendante.

Mais pour cela il faut laisser franchement de côté le système dangereux pour celui qui gouverne, que l'on s'attache les hommes par les places, système essentiellement faux, qui peut bien réussir quelque temps, mais qui ne peut durer, parce que le nombre des mécontens et des jaloux excède bientôt et de beaucoup celui des privilégiés. — Ainsi ou je ne fais pas mieux, mais j'enlève au gouvernement un embarras, et lui facilite les moyens de s'occuper de nos grandes questions. Si au contraire mon sytème a quelque valeur, j'ai mis de l'ordre partout, régularisé les moyens d'arriver, et moralisé la France; dans ce cas j'ai fait beaucoup moi-même pour les questions d'avenir.

Reste maintenant à passer à l'application de notre système, à faire voir qu'au point de vue des principes, il donnera satisfaction à tous, à prouver qu'il ne met rien de nouveau dans notre constitution, qu'il ne fait que développer et mettre en harmonie les principes sur lesquels elle repose, qu'il peut très-bien s'adapter à tous nos rouages administratifs auxquels il ne faut rien changer, parce qu'à notre avis ils sont parfaits, qu'il leur donne une grande force en les empêchant de se fausser, enfin à repousser bien loin de nous le reproche d'utopie. C'est ce que nous essaierons de faire, et si l'œuvre était au-dessus de nos forces, parce que notre mérite resterait bien au-dessous de notre bonne volonté, nous espérons que d'autres s'empareront de notre idée, et qu'elle réussira, parce que les hommes de cœur et de talent dans notre France sont assez nombreux pour l'empêcher de défaillir.

www.ingramcontent.com/pod-product-compliance
Ingram Content Group UK Ltd.
Pitfield, Milton Keynes, MK11 3LW, UK
UKHW020453230726
13925UKWH00005B/1900

9 782014 062052